AF313801

35ᵉ Vente **VIGNÈRES** (Nᵒ 93)

—

ESTAMPES

DE

L'ÉCOLE FRANÇAISE

DU XVIIIᵉ SIÈCLE

EN NOIR ET EN COULEUR

VENTE

HOTEL DROUOT — SALLE Nᵒ 4

Les Vendredi 26 et Samedi 27 Avril 1889

A UNE HEURE ET DEMIE

Mᵉ Maurice **DELESTRE** | **M. DUPONT** aîné
COMMISSAIRE-PRISEUR | MARCHAND D'ESTAMPES
Rue Drouot, nᵒ 27 | Rue de Seine, nᵒ 21

PARIS — 1889

IMPRIMERIE MAULDE et RENOU

A. MAULDE & Cⁱᵉ

IMPRIMEURS DE LA COMPAGNIE DES COMMISSAIRES-PRISEURS

Rue de Rivoli, 144

CATALOGUE

—

ESTAMPES

DE

L'ÉCOLE FRANÇAISE

DU XVIIIᵉ SIÈCLE

EN NOIR ET EN COULEUR

ADRESSES, EX-LIBRIS

CONTES DE LA FONTAINE

Des Suites de Fragonard et de Larmessin

ESTAMPES EN LOTS

35ᵉ VENTE

Par suite du décès de M. VIGNÈRES

MARCHAND D'ESTAMPES

HOTEL DES COMMISSAIRES-PRISEURS

RUE DROUOT, 9, SALLE Nº 4

Les Vendredi 26 et Samedi 27 Avril 1889

A UNE HEURE ET DEMIE

Par le ministère de Mᵉ **MAURICE DELESTRE**, Commissaire-Priseur,
rue Drouot, nᵒˢ 27

Assisté de **M. DUPONT aîné**, Marchand d'Estampes,
rue de Seine, 21

PARIS — 1889

CONDITIONS DE LA VENTE

—

Elle sera faite au comptant.

Les Acquéreurs paieront CINQ POUR CENT, en sus des enchères, applicables aux frais.

M. DUPONT se réserve la faculté de réunir ou de diviser les lots.

ORDRE DES VACATIONS

—

Vendredi 26 Avril .... Nᵒˢ   1 à 276
Samedi   27 Avril .... Nᵒˢ 277 à 559

DESIGNATION

ESTAMPES

ALIX (P.-M.)

1 — Le Général Berthier, d'après **Le Gros**.
Belle épreuve en couleur.

AUBERT (L.)

2 — Le Billet doux. — La Revendeuse à sa toilette,
par **Cl. Duflos**.
Deux pièces, très belles épreuves, marge.

AUBRY

3 — L'Abus de la Crédulité, par **N. De Launay**.—
L'Innocence inspire la Tendresse, par **Voysard**.
Deux pièces, très belles épreuves, marge.

4 — L'Heureuse Nouvelle, par **Simonet**.
Très belle épreuve avant la lettre, grandes marges.

AUBRY

5 — La même Estampe.

    Très belle épreuve, toutes marges.

6 — Le Mariage rompu. — La Reconnaissance de Fon-
rose, par R. de Launay.

    Deux pièces, très belles épreuves.

BAADER

7 — La Jeune Anglaise touchant le piano, par Chevillet.

    Très belle épreuve, grandes marges.

8 — Philosophe moderne, par Chevillet.

    Très belle épreuve, toutes marges.

BALKO

9 — L'Agréable Lecture. — Le Précepteur inutile; à
Paris, chez Gaillard.

    Deux pièces, très belles épreuves, grandes marges.

BARTOLOZZI (F.)

10 — La Beauté de Saint-James, d'après Bemwell.

    Très belle épreuve, imprimée en bistre, toutes marges. — Plus
une copie en contrepartie par Clavereau.

11 — La Petite Fille au Chat, d'après Joshua Reynolds.

    Très belle épreuve en couleur.

12 — Vénus et l'Amour, d'après Angelica Kauffmann.
— L'Origine du Dessin.

    Deux pièces ovales avant la lettre, très grandes marges.

BARTOLOZZI (F.)

13 — Mr Didelot's benefit.—For the benefit of Mr Giardini.
— Mde Rose's benefit. — St Margaret's Church, Westminster, 30 Mai 1793.

Quatre pièces, belles épreuves.

BAUDOUIN

14 — Le Confessionnal, par Moitte (Emm. B. 15).

Très rare épreuve à l'eau-forte pure.

15 — L'Épouse indiscrète, par N. de Launay (21).

Belle épreuve.

16 — Le Fruit de l'Amour secret, par Voyez junior (23).

Très belle épreuve.

17 — Le Léger vêtement, par Chevillet (28).

Superbe et très rare épreuve d'un premier état *non décrit*, avant toutes lettres, avec toute sa marge.

18 — La même Estampe.

Belle épreuve.

19 — Perrette, par Guttenberg (36).

Epreuve du deuxième état, avant la lettre.

20 — Le Poëte Anacréon, par De Launay (38).

Très belle épreuve, marge.

21 — Rose et Colas, par Simonet (42).

Epreuve à l'eau-forte avancée, sans marge.

22 — La Sentinelle en défaut, par De Launay (44).

Belle épreuve.

BAUDOUIN

23 — **Les Soins tardifs, par N. De Launay (45).**
Très belle épreuve.

24 — **Les Cerises, par N. Ponce. — La Rencontre dangereuse, par Le Veau.**
Deux pièces, belles épreuves, marge.

25 — **Le Matin. — Le Midi. — Le Soir. — La Nuit, par
de Ghendt.**
Suite de quatre pièces, belles épreuves, toutes marges.

BENARD

26 — **Repos de Chasse, par Moitte.**
Très belle épreuve, grandes marges.

27 — **Le Gage de l'Amitié, par Danzel. — La Ménagère.
— Le Bénédicité, par Cl. Duflos.**
Trois pièces, belles épreuves, grandes marges.

BENAZECH (Ch.)

28 — **La Liberté du Braconnier. — Le Retour du Laboureur, par Ingouf.**
Deux très belles épreuves avant la lettre. — Plus la première à
l'eau-forte pure.

BOILLY (L.)

29 — **L'Attention. — La Précaution. — L'Amusement
de la Campagne. — La Solitude, par Tresca.**
Suite de quatre pièces, très belles épreuves.

BOILLY (L.)

30 — Honny soit qui mal y voit, par Bonnefoy.

Très belle épreuve avant la lettre, grandes marges.

31 — La Leçon d'union conjugale, par Petit.

Très belle épreuve, grandes marges.

32 — Prélude de Nina, par Chaponnier.

Belle épreuve.

33 — On la tire aujourd'hui, par Tresca. — Le Cadeau. — La Surprise.

Trois pièces, belles épreuves.

34 — Qu'elle est gentille, par Bonnefoy.

Très belle épreuve, marge.

35 — Suite de la Douce impression de l'harmonie, par Wolff.

Très belle épreuve, grandes marges.

36 — Le Jeu de billard. — Le Cabaret. — Le Jeu de l'écarté. — Le Jeu de tonneau.

Quatre pièces lithographiées, très belles épreuves sur Chine toutes marges.

BONNART et autres

37 — Portraits et Costumes, in-fol.

Soixante-dix-neuf pièces.

BOREL

38 — Le Don intéressé. — Le Maréchal des Logis, par E. Voysard.

Deux pièces, belles épreuves.

BOREL

39 — Vous avez la clef . . . mais il a trouvé la serrure,
par Anselin.

> Très belle épreuve avant la dédicace.

BOSSE (Abr.)

40 — Partie de l'Œuvre d'Abraham Bosse.

> Quatre-vingt-sept pièces.

BOUCHARDON

41 — Les Sens, par Et. Fessard.

> Suite de cinq pièces, très belles épreuves, toutes marges.

BOUCHER (F.)

42 — L'Agréable Leçon, par R. Gaillard.

> Très belle épreuve, marge.

43 — L'Amour enchaîné par les grâces. — L'Hymen et
l'amour, par Beauvarlet.

> Deux pièces, très belles épreuves, marge.

44 — L'Amour modeste, par J.-B. Michel.

> Très belle épreuve.

45 — Les Bacchantes, par Demarteau.

> Très belle épreuve à la sanguine, grandes marges.

46 — Les Bacchantes endormies. — Vénus et les
amours.

> Deux pièces, très belles épreuves.

BOUCHER (F.)

47 — Baigneuse, par Demarteau.

Très belle épreuve à la sanguine, avant toutes lettres.

48 — Les Charmes du printemps, par Daullé.

Belle épreuve.

49 — La Chasse. — La Pêche, par Beauvarlet.

Deux pièces, très belles épreuves.

50 — La Chasse au Tigre. — La Chasse à l'Ours, par
Flipart.

Deux pièces, très belles épreuves, marge.

51 — Le Départ du courrier, par Beauvarlet.

Très belle épreuve.

52 — Le Goûter de l'automne. — Le Messager discret,
par R. Gaillard.

Deux pièces, belles épreuves.

53 — Le Matin. — Le Midi, par Petit.

Deux pièces, belles épreuves.

54 — La Naissance de Vénus. — La Toilette de Vénus,
par Cl. Duflos.

Deux pièces, très belles épreuves.

55 — Naissance et Triomphe de Vénus, par J. Daullé.

Superbe épreuve, grandes marges.

56 — L'Obéissance récompensée. — Les Sabots, par
R. Gaillard.

Deux pièces, très belles épreuves.

BOUCHER (F.)

57 — Le Panier mystérieux. — Le Berger récompensé,
par R. Gaillard.
> Deux pièces, très belles épreuves, marge.

58 — Pensent-il aux raisin, par Le Bas.
> Très belle épreuve.

59 — Le Trait dangereux, par Poletnich.
> Superbe épreuve, toutes marges.

60 — Vénus et l'Amour, par Mlle Contad.
> Deux épreuves, dont une avant toutes lettres, grandes marges.

61 — Vénus couchée, par Bonnet.
> Très belle épreuve aux deux crayons.

62 — Vénus se préparant pour le Jugement de Pâris,
par De Lorraine.
> Très belle épreuve, grandes marges.

63 — La Voluptueuse, par Poletnich.
> Très belle épreuve, marge.

64 — Le Calendrier des Vieillards, conte de La Fontaine,
par de Larmessin.
> Très belle épreuve avant l'adresse de Buldet, marge.

65 — La Courtisane amoureuse, par De Larmessin.
> Superbe épreuve, avant l'adresse de Buldet, grandes marges.

66 — Le fleuve Scamandre, par De Larmessin.
> Superbe épreuve, avant l'adresse de Buldet, toutes marges.

67 — Le Magnifique, par De Larmessin.
> Superbe épreuve, avant l'adresse de Buldet, toutes marges.

BOUCHER (F.)

68 — Les Saisons, par Larue et Huquier.

Suite de quatre pièces, très belles épreuves, marge.

69 — Second livre de Groupes d'Enfants, par Huquier.

Suite de six pièces, très belles épreuves, marge.

70 — Frontispices.

Deux pièces, dont une avant toutes lettres.

71 — Urne funéraire, avec un médaille contenant un portrait de femme et figures allégoriques, in-fol.

Très belle épreuve, avant toutes lettres, avec toute sa marge.

72 — Sujets gracieux et études, gravés par Bonnet et Demarteau.

Dix-huit pièces, très belles épreuves à la sanguine.

73 — Sujets mythologiques, par divers.

Vingt et une pièces.

74 — Scènes champêtres, têtes de femmes, groupes d'enfants, arabesques.

Trente-sept pièces, belles épreuves.

75 — Pièces gravées à l'eau-forte, vues, paysages et sujets divers.

Environ cinquante pièces.

BOUCHER et autres

76 — L'Attention dangereuse. — S'il m'était aussi fidèle. — La Vertu irrésolue. — Comparaison du bouton de rose, par Dennel.

Suite de quatre pièces: les deux premières sont avant toutes lettres.

BUCK (A.)

77 — Portraits de Miss Bloomfield, Mrs Mountain et Miss Waddy, par Cheesman.

Trois pièces, très belles épreuves en couleur.

CALLOT (J.)

78 — La Tentation de Saint-Antoine.

Très belle épreuve.

CAMPION (C.)

79 — Partie de son œuvre.

Quarante pièces.

CARESME

80 — La Joyeuse Orgie, par Hémery.

Très belle épreuve.

81 — Honni soit qui mal y voit.

Très belle épreuve, avant toutes lettres.

82 — Honni soit qui mal y pense. — Honni soit qui mal y voit, par Hubert.

Deux pièces, belles épreuves.

83 — Le Satyre amoureux, par Janinet.

Très belle épreuve en couleur.

CARMONTELLE (De)

84 — Pas de Deux, dansé par Dauberval et Mlle Allard, par J.-B. Tilliard.

Superbe épreuve, toutes marges.

CHALLE

85 — La Comparaison, par Bouilliard.

Belle épreuve, avant toutes lettres.

86 — La Conviction. — La Défaite, par G. Marchand.

Deux pièces, belles épreuves.

87 — Le Panier renversé, par Et. Beisson.

Très belle épreuve, grandes marges.

88 — Le Souvenir agréable. — Le Repos interrompu, par Vidal.

Deux pièces, belles épreuves.

CHARDIN

89 — Les Amusements de la vie privée, par Surugue.

Très belle épreuve.

90 — La Bonne Éducation, par Le Bas.

Très belle épreuve.

91 — L'Econome, par Le Bas.

Très belle épreuve.

92 — Le Négligé ou la Toilette du matin, par Le Bas.

Très belle épreuve.

93 — L'Ouvrière en tapisserie. — Le Dessinateur, par J.-J. Flipart.

Deux pièces, très belles épreuves.

94 — La Ménagère, par Charpentier. — La Bonne mère, par J. Weiss.

Deux pièces, belles épreuves, marges.

CHARPENTIER

95 — L'Emplette inutile. — Les Petits voleurs, par Mme Lefort.

Deux pièces, très belles épreuves; la première est à l'eau-forte pure.

CHAUDET

96 — Éventail avec portrait de Bonaparte et allégories, par Godefroy.

Belle épreuve en bistre.

CHODOWIECKI (D.)

97 — Éventails.

Deux très belles pièces, toutes marges. Rares.

98 — Œuvre de Chodowiecki.

Un portefeuille contenant environ 300 pièces.

CHOFFARD (P.-P.)

99 — Le duc de Chartres, depuis Philippe-Egalité dans une grande composition destinée à servir de diplôme de Franc-Maçonnerie, d'après Monnet (P. et B. 29).

Très belle épreuve, marge.

100 — Ex-libris Souchay (100).

Très rare épreuve d'un premier état *non décrit*, à l'eau-forte pure, toutes marges.

101 — Ex-libris Pinsot d'Armand (104).

Très belle épreuve, toute marge.

CHOFFARD (P.-P.)

102 — Billet de bal (106).

Très rare épreuve d'un premier état non terminé avant toutes lettres.

103 — La même Estampe.

Très belle épreuve avec les mots : *Bal paré et masqué*.

104 — Adresse du graveur Aubert (135).

Très belle épreuve.

105 — Adresse de Lattré (136).

Très belle épreuve avant la lettre.

106 — La même adresse.

Très belle épreuve, marge.

107 — Carte de police (200).

Très belle épreuve, toutes marges.

108 — Carte d'officier municipal (201).

Très belle épreuve, toute marge.

109 — Entête de page pour : *Notice sur l'art de la gravure*, in-8 (580).

Deux pièces dont une *non décrite*, à l'eau-forte pure et l'autre du 1er état, tirée hors texte.

110 — Têtes de pages pour un livre in-fol. (608).

Deux pièces différentes, tirées hors texte.

111 — Armes du marquis de Marigny (609).

Belle épreuve du 2e état, tirée hors texte.

112 — Entête au chiffre du roi (610).

Très belle épreuve du 1er état, tirée hors texte; grandes marges.

CIVIL (A Paris, chez)

113 — Vénus au bain.

> Très belle épreuve en bistre.

COCHIN

114 — Portrait de C.-N. Cochin, petit médaillon dans un en tête allégorique pour le *Catalogue de l'OEuvre de Cochin*, par Jombert.

> Très belle épreuve tirée hors texte, marge.

115 — Petite fille de profil tenant un éventail, par Louise Le D...

> Très belle épreuve. Rare.

116 — Allégorie sur la convalescence de Mme de Pompadour, 1764.

> Très belle épreuve. Rare.

117 — Allégorie sur la mort du Dauphin, fils de Louis XV, par Demarteau.

> Deux épreuves à la sanguine, dont une toutes marges.

118 — Compositions allégoriques pour l'*Histoire de Louis XV, par Médailles*, par Gallimard, in-fol.

> Deux très belles épreuves dont une avec les deux médaillons en blanc.

119 — Composition allégorique avec des médailles réservées en blanc pour y placer des portraits, par B.-L. Prevost, in-4.

> Épreuve à l'eau-forte pure.

COCHIN

120 — Décoration du Bal masqué donné par le Roi à l'occasion du Mariage de Louis, dauphin de France avec Marie-Thérèse, infante d'Espagne, le 25 février 1745.

Superbe épreuve, toutes marges.

121 — Cérémonie du mariage de Louis, dauphin de France, avec Marie-Thérèse, infante d'Espagne. — Décoration de la salle de spectacle dans la salle du manège à Versailles. — Décoration du bal paré donné par le Roi.

Trois pièces, très belles épreuves, grandes marges.

COSWAY (R.)

122 — La duchesse de Cumberland, en pied, par Sherwin.

Très belle épreuve, marge.

123 — Mrs Jackson, en pied, par J. Condé. — Mrs Russel Manners, par R. Cooper.

Deux pièces, très belles épreuves.

COYPEL (A.)

124 — Le Triomphe de Vénus, par Simonneau. — Alcide vainqueur de l'Envie, par Desplaces.

Deux pièces, très belles épreuves, grandes marges.

COYPEL (Ch.)

125 — *L'air grave que je fais paraître...*, par Lépicié. — L'Amour réfugié dans la maison d'Anacréon, par Desplaces.

Deux pièces, très belles épreuves.

COYPEL (CH.)

126 — Thalie chassée par la Peinture, par Lépicié.

Très belle épreuve, marge.

127 — Les Femmes savantes, comédie de Molière, par Joullain.

Belle épreuve.

128 — Estampes pour les *Aventures de Don Quichotte*, in-fol.

Vingt-neuf pièces, dont une avant la lettre, la plupart à toutes marges.

DAULLÉ (J.)

129 — La Ribotteuse hollandaise, d'après Metzu.

Superbe épreuve avant toutes lettres, grandes marges.

130 — La Ribotteuse hollandaise. — La Peleuse de pommes.

Deux pièces, très belles épreuves, grandes marges.

DEBUCOURT

131 — Militaires Ecossais. — Cosaque régulier de la Garde, d'après Carle Vernet.

Deux pièces, belles épreuves en couleur.

132 — L'Incendie.

Très belle épreuve avant la lettre.

133 — Le Juge ou la Cruche cassée, par Le Veau.

Très rare épreuve à l'eau-forte avancée avant toutes lettres.

134 — La même Estampe.

Très belle épreuve.

DE LARUE

135 — Bacchanales, gravées à l'eau-forte.
   Vingt pièces, très belles épreuves.

DE LAUNAY (N.)

136 — La Partie de plaisir, d'après Wéenix.
   Très belle épreuve avant la lettre, grandes marges. — Plus une épreuve à l'eau-forte pure.

137 — Le Triomphe de Silène, d'après Rubens.
   Très belle épreuve à l'eau-forte pure, grandes marges.

DEMARTEAU

138 — L'Abbé Pommyer.
   Très belle épreuve à la sanguine, grandes marges.

DENON (V.)

139 — Portraits et sujets gravés à l'eau-forte.
   Cinquante-une pièces, belles épreuves.

DENY (Chez)

140 — L'Agréable surprise. — Le Départ de la chasse.
   Deux pièces, belles épreuves.

DESCAMPS (J.-B.)

141 — Le Négociant, par Le Bas. — La Pupille, par N. Le Mire.
   Deux pièces, très belles épreuves, grandes marges.

DESHAYES

142 — La Fidélité surveillante, par Hémery.
Très belle épreuve avant la lettre, grandes marges.

143 — La même Estampe.
Très belle épreuve, grandes marges.

DESSINS

144 — Portrait de femme de profil.
Très joli dessin à l'encre de Chine, attribué à Moreau le jeune.

145 — Portraits du baron et de la baronne d'Holbach.
Deux jolis dessins à l'aquarelle, provenant de la vente Walferdin.

146 — Portrait de Mᵐᵉ de Récamier, en pied, en 1802.
Très joli dessin à l'aquarelle. — On y a joint la gravure.

147 — La mort du marquis de Montcalm-Gozon.
Très beau dessin à la plume lavé de bistre, attribué à Watteau fils. — On y a joint la gravure de Chevillet, dont la composition est très différente.

148 — Berger et bergères d'opéra.
Quatre jolis dessins à l'aquarelle.

149 — La Tourterelle chérie, d'après Boilly.
Joli dessin à l'encre de Chine.

150 — The officious waiting woman, d'après Schall.
Beau dessin à l'aquarelle.

151 — Château de Bellevue et Saint-Cloud, par Vauzelle, signé. — Vues de la Grande Cascade et du Pont de Saint-Cloud.
Quatre beaux dessins à l'aquarelle.

DE TROY (J.)

152 — L'Aimable accord, par El. Tournay. — L'Orne-
ment de l'esprit et du corps, par L. Surugue.
> Deux pièces, très belles épreuves.

153 — Le Café. — La Lecture, par J. Chereau.
> Deux pièces, très belles épreuves.

154 — Jupiter et Leda. — Diane et Calisto, par Et.
Fessard.
> Deux pièces, très belles épreuves, grandes marges.

155 — Loth et ses filles, par Lempereur. — Bethsabée au
bain, par L. Cars.
> Deux pièces, belles épreuves.

156 — Pan et Syrinx, par B.-L. Henriquez.
> Très belle épreuve, grandes marges.

DEVOSGE

157 — Sapho inspirée par l'Amour, par Copia.
> Deux épreuves avant la lettre, dont une non terminée.

DICKINSON

158 — La Confidence.
> Très jolie pièce ovale, grandes marges.

DIVERS

159 — Médaillon entouré d'une guirlande de fleurs, au-
dessous un écusson dans le milieu duquel sont deux
colombes, in-fol.
> Très rare épreuve à l'eau-forte pure, le médaillon blanc.

DIVERS

160 — Portrait de femme, de profil, avec coiffure de plumes.

    Très belle épreuve avant toutes lettres en bistre, grandes marges.

161 — Invitation à déjeuner des Membres de la *Société poulardière*, in-4.

    Très belle épreuve. Rare.

DROLLING

162 — La Dame charitable, par Le Villain.

    Très belle épreuve, à l'eau-forte pure.

DUMÉNIL

163 — La Dame de charité. — Le Prêtre du catéchisme, par Elise Tournay.

    Deux pièces, très belles épreuves, grandes marges.

DUPLESSIS-BERTAUX

164 — Les Métiers. — Le Charlatan français, par Helman.

    Neuf pièces, très belles épreuves.

EISEN père

165 — L'Amour en ribote, par Halbou.

    Très belle épreuve, grandes marges.

EISEN (Ch.)

166 — Le Printemps. — L'Été. — L'Automne. —
L'Hiver, par de Longueil.

Suite de quatre pièces, très belles épreuves.

167 — Le Retour du marché. — La double Fécondité,
par de Fehrt.

Deux pièces, belles épreuves.

168 — La Gageure des trois commères, conte de
La Fontaine, par Tardieu. — Promettre est un et
tenir est un autre, par Le Grand.

Deux pièces, très belles épreuves.

FRAGONARD (H.)

169 — L'Armoire.

Belle épreuve, avec l'adresse de Naudet.

170 — L'Armoire, réduction par Coron.

Très belle épreuve, toutes marges.

171 — L'Armoire, réduction, par Rob. de Launey.

Très belle épreuve, marge.

172 — Les quatre Bacchanales et sujets d'après les
tableaux italiens.

Un album contenant seize pièces, belles épreuves.

173 — La Jeune mère. — *Spirat adhuc amor...* — La
Danse de l'Ours. — Deux Femmes à cheval. — Le
retour du fermier. — Les Jets d'eau, etc.

Onze pièces.

174 — Bacchanales et sujets divers gravés à l'eau-forte.

Soixante sept pièces, quelques doubles.

FRAGONARD (H.)

175 — L'Amour ; à Paris chez Naudet.

Très belle épreuve.

176 — Le Baiser, par Marchand.

Superbe épreuve avec la première adresse, grandes marges.

177 — Les Beignets, par N. De Launay.

Belle épreuve, grandes marges.

178 — L'Escarpolette, par N. De Launay.

Très rare épreuve du premier état à l'eau-forte pure.

179 — La Famille du Fermier, par Romanet.

Épreuve avant toutes lettres.

180 — La Folie, par Janinet.

Belle épreuve en couleur, découpée à l'ovale.

181 — La Gimblette, par Bertony. — Le Repos, d'après Vien.

Deux pièces.

182 — L'Inspiration favorable, par Halbou.

Belle épreuve.

183 — Les Pétards. — Les Jets d'eau ; à Paris chez Alibert.

Deux pièces, toutes marges.

184 — Les mêmes sujets, gravés en contre partie par Auvray.

Deux pièces, toutes marges.

185 — Le Verrou, par Blot.

Très belle épreuve, toutes marges.

FRAGONARD (H.)

186 — Le Verrou. — Le Contrat, par Blot.
Deux pièces, très belles épreuves.

187 — Fleuron du titre pour les *Contes de La Fontaine*, par Choffard, édition Didot, in-4.
Superbe épreuve, tirage à part, toutes marges. Très rare.

188 — Joconde, troisième planche.
Très belle épreuve avant toutes lettres, toutes marges.

189 — La même Estampe.
Épreuve du même état, toutes marges.

190 — Le Mari confesseur.
Épreuve à l'eau-forte pure, toutes marges.

191 — Le Gascon puni.
Épreuve à l'eau-forte pure, marge.

192 — Le Paysan et son Seigneur.
Épreuve à l'eau-forte pure, toute marge.

193 — La même Estampe.
Épreuve avant toutes lettres, grandes marges.

194 — La Fiancée du Roi de Garbe, deuxième planche.
Épreuve avant toutes lettres, toute marge.

195 — Le Pâté d'anguilles.
Épreuve à l'eau-forte pure, grandes marges.

196 — La Matrone d'Ephèse.
Épreuve avant la lettre, le nom des artistes à la pointe, grandes marges.

FRAGONARD (H.)

197 — Le Glouton.

> Épreuve avant la lettre, le nom des artistes à la pointe, grandes marges.

198 — Le Baiser rendu.

> Épreuve à l'eau-forte pure, marge.

199 — La même Estampe.

> Épreuve avant toutes lettres, toute marge.

200 — La même Estampe.

> Deux épreuves, dont une à l'eau-forte pure et une avant toutes lettres, petite marge.

201 — Les Deux Amis.

> Épreuve à l'eau-forte pure, grandes marges. Rare.

202 — La même Estampe.

> Épreuve avant toutes lettres, toute marge.

203 — Sœur Jeanne.

> Épreuve à l'eau-forte pure, grandes marges. Très rare.

204 — Le Muletier.

> Épreuve à l'eau-forte pure, toutes marges.

205 — Joconde, 2e planche. — Le Mari confesseur. — Le Paysan et son Seigneur. — Le Gascon puni. — Le Calendrier des vieillards. — On ne s'avise jamais de tout. — La Fiancée du Roi de Garbe, 2e planche. — La Coupe enchantée. — Le Faucon. — Le Pâté d'anguille. — Le Magnifique. — La Matrone d'Ephèse. — Belphégor. — Le Glouton. — Le Baiser rendu.

> Quinze pièces, très belles épreuves, toute marge.

FRAGONARD (H.)

206 — On ne s'avise jamais de tout, 2 épreuves. — Le
Pâté d'anguille, 3 épreuves. — Le Juge de Mesle,
tirage moderne.

Six pièces.

FRAGONARD et Mˡˡᵉ GIRARD

207 — Mosieur Fanfan jouant avec Monsieur Polichi-
nelle. — L'Enfant et le Chat emmailloté. — L'Enfant
et le Boule-dogue.

Trois pièces gravées à l'eau-forte, très belles épreuves.

FREUDEBERG

208 — Le Bain, par Romanet.

Très belle épreuve, grandes marges.

209 — La Complaisance maternelle, par N. De Launay.

Très belle épreuve, marge.

210 — Le Gage de la Fidélité, par Voyez le jeune.

Belle épreuve.

211 — La Gaieté conjugale par N. De Launay.

Très belle épreuve.

212 — L'Heureuse union, par Bosse.

Superbe et très rare épreuve du premier état avant la planche
coupée pour être ajoutée au *Monument du Costume*, avec toute
sa marge.

213 — L'Horoscope accomplie, par N. Ponce, première
planche.

Très belle épreuve à l'eau-forte pure, avant la bordure, marge.

FREUDEBERG

214 — L'Horoscope accompli, par N. Ponce ; deuxième
planche. — Les Adieux du Laboureur, par Trière.
Deux pièces, belles épreuves.

215 — L'Instant favorable, par Voyez le jeune.
Très belle épreuve, marge.

216 — Le Négociant ambulant. — Le Soldat en semestre.
par Ingouf le jeune.
Deux pièces, très belles épreuves à l'eau-forte pure, marge.

217 — Le Soldat en semestre.
Très belle épreuve, grandes marges.

GARNERAY

218 — La Jarretière, par Michault et Le Grand.
Très belle épreuve.

GÉRARD (Mlle)

219 — L'Indécision, par H. Gérard.
Superbe épreuve avant la lettre, toutes marges.

220 — La Leçon, par le même.
Très belle épreuve.

221 — Les Regrets mérités, par De Launay.
Deux épreuves dont une avant la lettre et avant les armes ;
rognée en bas.

GILLOT (Cl.)

222 — Fête de Bacchus. — Fête de Diane. — Fête de
Faune. — Fête du dieu Pan.
Suite de quatre pièces, très belles épreuves, grandes marges.

GILLOT (Cl.)

223 — La Naissance. — L'Éducation. — Le Mariage. —
Les Obsèques.

> Suite de quatre pièces, très belles épreuves, grandes marges.

224 — Nouveau livre de Principes d'ornements, par
Huquier.

> Suite de douze pièces, belles épreuves.

GRAVELOT (H.)

225 — Petits Sujets avec encadrements rocaille, par
Bacheley.

> Vingt-trois pièces, la plupart à deux sur la feuille.

GREUZE (J.-B.)

226 — La Cruche cassée, par J. Massard.

> Très belle épreuve.

227 — Le Donneur de sérénade, par Moitte.

> Très belle épreuve, grandes marges.

228 — La même Estampe.

> Très belle épreuve.

229 — L'Écolier distrait, par Beljambe.

> Très belle épreuve, grandes marges.

230 — Les Écosseuses de pois, par Le Bas. — La Lecture de la Bible, par Martenasie.

> Deux pièces, belles épreuves, marge.

231 — L'Écureuse, par Danzel.

> Belle épreuve.

GREUZE (J.-B.)

232 — L'Éducation d'un jeune Savoyard, par Aliamet.
Très belle épreuve.

233 — L'Enfant gâté, par Maleuvre.
Très belle épreuve, grandes marges.

234 — La Fille confuse, par Ingouf.
Très belle épreuve, toutes marges.

235 — La même estampe.
Très belle épreuve, très grandes marges.

236 — Jeune Paysanne debout, les yeux baissés. — La Marchande de poissons. — Le Charbonnier, par Fr. Deschamps, femme Beauvarlet.
Trois pièces, très belles épreuves, toutes marges.

237 — La Liseuse. par M.-L. Boizot.
Très belle épreuve.

238 — Le Malheur imprévu, par R. de Launay.
Très belle épreuve.

239 — La Maman, par Beauvarlet. — La Grand'Maman, par Binet.
Deux pièces, très belles épreuves, grandes marges.

240 — Le Ménage ambulant, par Binet.
Très belle épreuve, marge.

241 — L'Oiseau mort, par Flipart. — La Prière à l'Amour, par P. Moles.
Deux pièces, très belles épreuves.

GREUZE (J.-B.)

242 — L'Oiseau mort, par Flipart.

Belle épreuve, toutes marges.

243 — La Paix du ménage, par Moreau et Ingouf.

Très belle épreuve, très grandes marges.

244 — La Paresseuse, par Moitte.

Très belle épreuve, grandes marges.

245 — La petite Fille au carlin, par Ingouf.

Deux épreuves, dont une à l'eau-forte pure.

246 — La Philosophie endormie (portrait de madame Greuze), par Moreau le jeune et Aliamet.

Superbe épreuve, de la plus grande fraîcheur, avant la dédicace, très grandes marges.

247 — Les premières Leçons de l'Amour, par Voyez l'aîné.

Très belle épreuve avant toutes lettres.

248 — La même Estampe.

Belle épreuve.

249 — Le Ramoneur, par Voyez.

Très belle épreuve.

250 — Les Soins maternels, par Beauvarlet.

Très belle épreuve.

251 — La Vertu chancelante, par J. Massard.

Très belle épreuve, signée du peintre et du graveur, grandes marges.

GREUZE (J.-B.)

252 — La Vieille Gouvernante, par Vérendret. — La Mort de Marie-Madeleine, par Cl. Hoin.

Deux pièces, très belles épreuves en bistre.

253 — La Belle-Mère, par Levasseur.

Deux très belles épreuves, dont une avant toutes lettres.

254 — L'Ermite, par Marais.

Trois belles épreuves, dont une avant la lettre, et une à l'eau-forte pure.

255 — La Mère bien-aimée, par J. Massard.

Très belle épreuve, signée du peintre et du graveur, marge.

256 — La Mère bien-aimée. — La Dame bienfaisante, par Massard. — Le Gâteau des Rois. — Le Paralytique servi par ses enfants, par Flipart.

Quatre pièces, belles épreuves.

257 — La Malédiction paternelle. — Le Fils puni, par R. Gaillard. — La Belle-Mère. — Le Testament déchiré, par Levasseur.

Sept pièces, belles épreuves.

258 — La Veuve et son Curé, par Levasseur.

Très belle épreuve, avant la lettre.

259 — Premier Cahier de têtes de différents caractères, par Ingouf.

Suite de six pièces, très belles épreuves, toutes marges.

260 — Divers habillements suivant le Costume d'Italie, gravés par Moitte.

Suite de six pièces et un frontispice, très belles épreuves.

GREUZE (J.-B.)

261 — Études de têtes, la Malédiction paternelle, le Fils
puni, in-8.

    Trente-cinq pièces.

262 — Les Écosseuses de pois, le Geste napolitain, la
Privation sensible, la Pelotonneuse, Retour sur soi-
même, la Musique, le Petit Frère, etc.

    Seize pièces, belles épreuves.

GUYOT

263 — Médaillons, dits Tabatières à plusieurs sur la
feuille.

    Six pièces en couleur,

HILAIR

264 — L'Esclave heureux, par Mathieu.

    Belle épreuve, avant toutes lettres et avant la draperie.

265 — La même Estampe.

    Belle épreuve, toutes marges.

HUET (J.-B.)

266 — The Balance. — The Sump, par Bonnet.

    Deux pièces, très belles épreuves en couleur, grandes marges.

267 — La Belle cachette. — L'heureux Chat, par Bonnet.

    Deux pièces, très belles épreuves en couleur, toutes marges.

268 — Le Déjeuner, par Bonnet.

    Belle épreuve en couleur, marge.

HUET (J.-B.)

260 — Les Grâces enchaînées par l'Amour. — L'Amour couronné par les Grâces, par Chaponnier.

Deux pièces, belles épreuves en bistre.

270 — Jupiter et Io. — La Nymphe Hespérie fuyant Eaque, par Bonnet.

Deux pièces, très belles épreuves en couleur, toutes marges.

271 — Leucothoé charmée de la beauté d'Apollon. — Thétis écoute Protée. — Jupiter descend dans le palais de Sémélé. — La nymphe Hespérie fuyant Eaque, par Bonnet.

Suite de quatre pièces en couleur.

272 — Offrande présentée par l'Amour à la Fidélité. — L'Amour offrant des présents à Ariane, par Bonnet.

Deux pièces, belles épreuves en couleur, grandes marges.

273 — Les mêmes Estampes.

Belles épreuves en couleur.

274 — La Toilette en désordre. — Le beau Miroir, par Bonnet.

Deux pièces, très belles épreuves, en couleur, toutes marges.

275 — Culs-de-lampes avec médailles, in-fol.

Quatre pièces, toutes marges.

276 — Sujets de genre et Etudes d'animaux, gravés par et d'après lui.

Quatre-vingt-quinze pièces.

HUET (C.)

277 — La Fidélité, portrait d'Inès. — La Constance, portrait de Mimi, par Et. Fessard.

Deux pièces, très belles épreuves, marge.

IMBERT (F.)

278 — La Curieuse, par Le Tellier.

Belle épreuve, grandes marges.

279 — La même Estampe.

Belle épreuve.

ISABEY (J.)

280 — La Reine Hortense, médaillon ovale, in-8.

Deux épreuves, avant toutes lettres, dont une en couleur et l'autre en noir, avant la planche coupée.

281 — Le même Portrait.

Très belle épreuve avant toutes lettres en couleur, toutes marges.

JEAURAT (Et.)

282 — Les Citrons de Javotte, par Levasseur.

Belle épreuve, toutes marges.

283 — Déménagement d'un Peintre. — Enlèvement de Police, par Cl. Duflos.

Deux pièces, belles épreuves.

284 — Le Goûté, par Baléchou. — L'Accouchée, par Lépicié. — Le Remède, par Aliamet.

Trois pièces, belles épreuves.

JEAURAT (Et.)

285 — Le Joli dormir, par Elis. Tournay.

> Très belle épreuve.

286 — La Servante congédiée, par Baléchou. — Le
Fiacre, par Pasquier.

> Deux pièces, belles épreuves, grandes marges.

KAUFFMANN (Ang.)

287 — Son Portrait et études diverses gravés à l'eau-
forte par elle-même.

> Huit pièces, belles épreuves.

KRAUS

288 — Le Goûté rustique. — Le Pourboire employé,
par Basan.

> Deux pièces, très belles épreuves, grandes marges.

LAGRÉNÉE

289 — Tancrède secouru par Herminie, par Beauvarlet.

> Deux très belles épreuves dont une avant toutes lettres, gran-
> des marges.

290 — Les différents âges de l'Amour, par J. Bouillard.

> Suite de quatre pièces, très belles épreuves.

L'ALIVE DE JULLY

291 — Les Éléments, d'après Natoire, La Correzzione,
d'après Boucher, Paysages et sujets divers.

> Vingt pièces, très belles épreuves.

LANCRET

292 — L'Amant indiscret, par Dupin.

Très belle épreuve, toutes marges.

293 — Mlle Camargo, par L. Cars. — Mlle Sallé, par de Larmessin.

Deux pièces, très belles épreuves.

294 — Le Glorieux. — Le Philosophe marié, par N. Dupuis.

Deux pièces, belles épreuves.

295 — Le Maître galant, par Le Bas. — Récréation champêtre, par Joullain.

Deux pièces, très belles épreuves, marge.

296 — Le Midi. — L'Après-dinée, par de Larmessin.

Deux pièces, très belles épreuves.

297 — L'Occasion fortunée, par Scotin. — Les Charmes de la conversation, par Petit.

Deux pièces, très belles épreuves.

298 — Partie de plaisir, par Moitte.

Très belle épreuve, marge.

299 — Mlle Sallé, par de Larmessin.

Superbe épreuve.

300 — Les Deux Amis, conte de La Fontaine, par de Larmessin.

Très belle épreuve, avant l'adresse de Buldet, grandes marges.

LANCRET

301 — Le Faucon. — A Femme avare Galant escroc, par de Larmessin.

Deux pièces, avant l'adresse de Buldet, épreuves superbes, très grandes marges.

302 — On ne s'avise jamais de tout, par de Larmessin.

Très belle épreuve, avant l'adresse de Buldet, toutes marges.

303 — Les Oyes de frère Philippe, par de Larmessin.

Belle épreuve, avant l'adresse de Buldet, grandes marges.

304 — Les Rémois. — Les Troqueurs, par de Larmessin.

Deux pièces, très belles épreuves, avant l'adresse de Buldet, marge.

305 — Nicaise, par G.-F. Schmidt. — Le Gascon puni. — La Servante justifiée, par de Larmessin.

Trois pièces, très belles épreuves, avant l'adresse de Buldet.

306 — Les Agréments de la Campagne, la Belle Grecque, les Gentilles Baigneuses, la Femme commode, le Théâtre Italien, l'Été, l'Hyver, le Moulin de Quinquengrogne, etc.

Seize pièces.

LANDSEER (H.)

307 — Mrs Mullens, en pied, d'après Craig.

Très belle épreuve en couleur.

LAWREINCE

308 — La Balançoire mystérieuse, par Vidal (Emm. B. 9).

Belle épreuve, avant la lettre et avant le flot.

LAWREINCE

309 — La même Estampe.

Très belle épreuve, avant le flot, sans marge.

310 — La Balançoire mystérieuse. — Les Nymphes scrupuleuses.

Deux pièces, belles épreuves.

311 — Les deux Cages ou la plus heureuse, par de Bréa (19).

Très belle épreuve.

312 —. École de Danse, par Dequevauviller.

Très belle épreuve du 2e état, avec l'adresse du graveur, très grandes marges.

313 — Le Lever des ouvrières en modes. — Le Coucher des ouvrières en modes, par Dequevauviller (16-36).

Deux pièces, très belles épreuves.

314 — Le Lever des ouvrières en modes, par J.-B. Compagnie.

Très belle épreuve en couleur, grandes marges.

315 — Le Mercure de France, par Guttenberg (38).

Belle épreuve.

316 — The green plot. — The Grove.

Deux pièces, épreuves coloriées, sans marge.

LE BARBIER l'aîné

317 — Couronnement de La Fontaine par Ésope, aux Champs-Élysées, par Macret.

Deux très belles épreuves, dont une avant la lettre.

LECAMPION et JANINET

318 — Vues de Paris.

Soixante-trois pièces, la plupart en couleur.

319 — Vue de l'église Notre-Dame. — Le Palais de Justice. — Intérieur de l'Église des Enfants-Trouvés. — Orangerie de l'Hôtel de Boisgelin.

Quatre-vingt-douze pièces en couleur, en nombre.

LE CLERC

320 — A beau Cacher. — Le bon Logis, par Bonnet.

Deux pièces, très belles épreuves à la sanguine, grandes marges.

321 — L'Hermite en queste. — L'Abbé en conqueste.

Deux pièces, belles épreuves.

322 — Le Faiseur d'oreilles et le Raccommodeur de moules, conte de La Fontaine, par de Larmessin.

Très belle épreuve avant l'adresse de Buldet.

323 — La même Estampe.

Très belle épreuve.

LEGRAND (P.)

324 — Orange Girl.

Très belle épreuve en couleur toutes marges.

LE MESLE

325 — La Clochette, conte de La Fontaine, par Fillœul.

Trè belle épreuve avant l'adresse de Buldet, grandes marges.

LE MIRE (N.)

326 — Le Gâteau des Rois ; allégorie sur le partage
de la Pologne (P. et B. 15).

Très belle épreuve avant le nom du graveur, toutes marges.

LE MOINE

327 — Hercule et Omphale, par L. Cars.

Très rare épreuve à l'eau-forte pure.

LE MOINE et NATOIRE

328 — Adam prenant la Pomme, par L. Cars. — Adam
et Eve après le péché, par Flipart.

Deux pièces, très belles épreuves. — Plus l'eau-forte pure de la
première.

LE NAIN

329 — La Surprise du Vin, par J. Daullé.

Très belle épreuve.

LE PRINCE (J.-B.)

330 — L'Amour du travail. — L'amour des fleurs, par
Chevillet.

Deux pièces, très belles épreuves.

331 — L'Enfant chéri, par N. De Launay.

Très belle épreuve, très grandes marges.

332 — Les Modèles, par De Longueil.

Très belle épreuve avant la lettre, marge.

333 — Costumes russes, scènes d'intérieur et paysages.

Trente-quatre pièces en noir et bistre.

LÉVILLY

334 — Quand reviendra-t-il? — Je l'attendais.
Deux pièces, belles épreuves, toutes marges.

LOUTERBOURG

335 — L'Agneau chéri. — L'Amant curieux, par
Le Veau.
Deux pièces, très belles épreuves.

MALLET

336 — La Nouvelle intéressante, par Mixelle.
Très belle épreuve en couleur, grandes marges.

MERCIER (P.)

337 — Compositions dans le genre de Watteau.
Trois pièces, belles épreuves.

MILLER (J.-S.)

338 — Morning. — Évening.
Deux pièces, belles épreuves, grandes marges.

MOITTE

339 — La Surprise agréable, par Vidal.
Très belle épreuve, toutes marges.

MONNET (C.)

340 — Les Baigneuses surprises, par Vidal.
Très belle épreuve du 1er état avant toutes lettres et avant la
mèche de cheveux.

MONNET (C.)

341 — Les Baigneuses surprises. — Salmacis et Herma-
phrodite, par Vidal.

Deux pièces, belles épreuves.

342 — Exécution de Louis XVI et de Marie-Antoinette. —
Pompe funèbre en l'honneur des victimes de la
journée du 10 août, par Helman.

Trois épreuves avant la lettre, très grandes marges.

343 — Ouverture des États-Généraux. — Journée du
21 janvier 1793, par Helman.

Deux pièces, très belles épreuves.

MONNET et SAINT-QUENTIN

344 — Les Vœux du peuple confirmés par la Religion.
— Les Garants de la félicité publique, par Née et
Masquelier.

Deux pièces, très belles épreuves, grandes marges.

MOREAU le jeune

345 — Le Bal masqué.

Très belle épreuve, marge.

346 — Le Festin royal.

Très belle épreuve avant la lettre.

347 — Constitution de l'Assemblée Nationale.

Très belle épreuve avant la lettre, grandes marges.

348 — Ouverture des États-Généraux à Versailles, le
5 mai 1789.

Superbe et très rare épreuve avant toutes lettres, le nom du
du graveur à la pointe, très grandes marges.

MOREAU le jeune

349 — La même Estampe.

Très belle épreuve du premier état avec les noms des Députés, grandes marges.

350 — Ouverture des Etats Généraux. — Constitution de l'Assemblée Nationale.

Deux pièces, très belles épreuves, toutes marges.

351 — Couronnement de Voltaire sur la scène du Théâtre Français le 30 mars 1778, par Gaucher.

Épreuve avec l'adresse de l'auteur, rue du Paon, grandes marges.

352 — La même Estampe.

Épreuve avec l'adresse de Naudet.

353 — David et Bethsabée, d'après Rembrandt.

Très belle épreuve, grandes marges.

354 — La même Estampe.

Très belle épreuve.

355 — Fondation pour marier dix filles, d'après Gravelot.

Très belle épreuve, marge.

356 — Groupe de la Plaine des Sablons, par Malbeste.

Très rare épreuve avant toutes lettres, grandes marges.

357 — La même Estampe.

Très belle épreuve sans le texte imprimé, toutes marges.

358 — La même Estampe.

Très belle épreuve avec le texte, toutes marges.

MOREAU le jeune

359 — Memnon ou l'Écueil du sage, par Vidal.

Très belle épreuve.

360 — Monument du Costume physique et moral au xviii° siècle, réductions in-8.

Suite de douze pièces, très belles épreuves, grandes marges.

361 — Les mêmes Estampes.

Dix pièces, dont quatre avec de grandes marges.

362 — La Mort du Chevalier d'Assas, par Simonet.

Très belle épreuve avant la lettre.

363 — La Place Louis XV.

Très belle épreuve avant toutes lettres.

364 — Réception de Mirabeau aux Champs-Elysées, par Masquelier.

Très belle épreuve avant la lettre, les noms des artistes à la pointe.

365 — Arrivée de J.-J. Rousseau aux Champs-Élysées, par Macret. — Réception de Voltaire aux Champs Elysées par Henri IV, d'après Fauvel.

Deux pièces, très belles épreuves.

366 — Le Rendez-Vous pour Marly, par Guttenberg.

Très belle épreuve.

367 — Serment de Louis XVI à son sacre, grand in-fol.

Ancienne épreuve, toutes marges.

368 — Tombeau de J.-J. Rousseau.

Deux épreuves dont une avant que la bonne femme à genoux ait été supprimée.

MOREAU le jeune

369 — Fleuron d'une carte géographique, in-fol.
>Très belle épreuve avant toutes lettres.

370 — Entêtes de pages tirés du *Musée Laurent et Robillard*, in-fol.
>Sept pièces, très belles épreuves tirées hors texte, grandes marges.

MOUCHET

371 — L'Illusion.
>Belle épreuve.

372 — La Méprise, par Macret et Anselin.
>Très belle épreuve, toutes marges.

NATOIRE (C.)

373 — L'Alliance de la Peinture et du Dessin. — L'Alliance de la Poésie et de la Musique, par Pelletier.
>Deux pièces, belles épreuves.

NATTIER

374 — La Chasseuse aux cœurs, par B.-L. Henriquez. — La belle Source, par Méliny.
>Deux pièces, belles épreuves.

375 — Flore à son lever (la duchesse de Chartres), par Maleuvre.
>Très belle épreuve, grandes marges.

376 — Madame de *** en Flore, par Voyez le jeune.
>Superbe épreuve, toutes marges.

NATTIER

377 — Mme la duchesse de *** en Hébé (la duchesse d'Orléans), par Hubert.

Très belle épreuve.

378 — Mme Adélaïde de France *(L'Air)*, par Beauvarlet.

Superbe épreuve, avant toutes lettres, avec toute sa marge.

379 — Mme Adélaïde de France *(L'Air)*. — Mme Marie-Louise-Thérèse-Victoire de France *(L'Eau)*. — Mme Louise-Elisabeth de France *(La Terre)*. — Mme Marie-Henriette de France *(Le Feu)*, par Beauvarlet, Gaillard, Balechou et Tardieu.

Suite de quatre pièces, belles épreuves.

NAUDET

380 — Le Sérail parisien, par Blanchard.

Très belle épreuve en bistre.

NORBLIN

381 — Sujets d'après Rembrandt et autres.

Onze pièces, très belles épreuves.

OUDRY (J.-B.)

382 — Sujets de chasse, gravés par lui-même.

Suite de quatre pièces, très belles épreuves, toutes marges.

383 — Estampes tirées du *Roman-Comique* de Scarron, par Duchange.

Neuf pièces, très belles épreuves.

OUDRY et LOUTERBOURG

384 — Phylax. — Minette, par Mesnil.

    Deux pièces, très belles épreuves, grandes marges.

OZANNE (P.)

385 — La *Bayonnaise*, corvette française prenant à l'abordage l'*Embuscade*, frégate anglaise, par Legouaz.

    Très belle épreuve.

PATER

386 — Mlle D'Angeville la jeune par Le Bas.

    Très belle épreuve, marge.

387 — Le même Portrait.

    Belle épreuve, collée.

388 — Marche comique, par Ravenet.

    Très belle épreuve, marges.

389 — L'Orchestre de village, par Ravenet. — L'agréable société, par Filleul.

    Deux pièces, très belles épreuves, grandes marges.

390 — Le Glouton. — Le Savetier; contes de La Fontaine, par Filleul.

    Deux pièces, très belles épreuves, grandes marges.

391 — Les mêmes Sujets.

    Deux pièces, belles épreuves.

PÉTERS

392 — L'Amour maternelle, par Chevillet.

Belle épreuve.

393 — La Dévideuse, par Chevillet.

Très belle épreuve, avant toutes lettres, avec toute sa marge.

394 — La même Estampe.

Épreuve avant la lettre, toutes marges.

395 — Lydia, par Dickinson.

Très belle épreuve, grandes marges.

396 — La petite Marchande de Carpes, par Le Vasseur.

Très belle épreuve, grandes marges.

PETIT (S.)

397 — L'Anarchiste.

Belle épreuve, grandes marges.

PICART (B.)

398 — Concert dans un parc.

Très belle épreuve, grandes marges.

399 — Entêtes, fleurons et lettres ornées.

Vingt-six pièces, très belles épreuves, toutes marges.

400 — Petits sujets avec arabesques, Epithalames ou noces, petits costumes, vignettes et sujets d'après les anciens maîtres.

Cent cinq pièces, très belles épreuves.

PIERRE (J.-B.-M.)

401 — Bacchus et Ariadne, par Lempereur. — Les Bacchantes, par Pelletier.

Deux pièces, très belles épreuves.

402 — Danaé. — Léda, par Et. Fessard.

Deux pièces, très belles épreuves.

403 — Le Savoyard, par de Larmessin. — Le Galant jardinier, par de F... — La Sculpture, par M. Igonet.

Trois pièces, belles épreuves.

PRUDHON (P.-P.)

404 — Phrosine et Mélidore, dessiné et gravé par lui-même, in-4.

Superbe épreuve avant la lettre, toutes marges; de la plus grande fraîcheur.

405 — La même Estampe.

Très belle épreuve avant la lettre.

406 — Suite de quatre figures de Prudhon, Copia et Beisson, pour l'*Art d'aimer*, in-4.

Très belles épreuves, avant la lettre.

407 — Phrosine et Mélidore. — Choisir l'objet. — L'Enflammer, in-4.

Trois pièces, très belle épreuve avant la lettre.

408 — En jouir, par Copia.

Épreuve avant toutes lettres non terminée. Rare.

409 — L'Enflammer. — Phrosine et Mélidore, réduction in-8. — Frontispice des œuvres de Racine, in-8.

Trois pièces avant la lettre.

PRUDHON (P.-P.)

410 — Suite de neuf figures de Prudhon et Gérard, pour *Daphnis et Chloé*, in-4.

> Très belles épreuves avant la lettre toutes marges.

411 — Vignettes : Daphnis et Chloé, Abrocome et Anzia, Aminta, par Roger, in-8.

> Trois pièces, très belles épreuves.

412 — Suite de cinq figures et un portrait pour les œuvres de J.-J. Rousseau, in-8.

> Belles épreuves grandes marges,

413 — La même suite (manque le portrait).

> Cinq pièces, belles épreuves, toutes marges.

414 — Le Premier baiser de l'Amour, vignette, in-8.

> Très belle épreuve.

415 — La Grotte, par Roger, in-8.

> Très belle épreuve avant la lettre.

416 — La Grotte, par Mlle Bleuze.

> Trois épreuves dont deux avant la lettre.

417 — Directoire exécutif, entête de lettre, par Roger, in-4 et in-12.

> Deux pièces, très belles épreuves, grandes marges.

418 — Préfecture de la Seine, entête de lettre, par B. Roger.

> Très belle épreuve.

419 — Entêtes de lettres du Gouvernement français, du Sénat conservateur, du Directoire exécutif, par Roger, d'après Naigeon.

> Huit pièces.

PRUDHON (P.-P.)

420 — La Liberté, par Copia, grand in-fol.

Très rare épreuve à l'eau-forte pure.

421 — La Raison parle et le Plaisir entraîne. — La Vertu aux prises avec le Vice, par Roger.

Deux pièces avant la lettre, grandes marges.

422 — Les mêmes Estampes.

Deux pièces dont une avant la lettre.

423 — Le Triomphe de Napoléon, par Roger. — La Loi, par Copia.

Deux pièces, très belles épreuves.

424. — La Vengeance de Cérès, par Copia.

Deux épreuves dont une en couleur, grandes marges.

425 — Sujets divers gravés et lithographiés.

Quatre-vingt-sept pièces.

QUÉVERDO

426 — Les Baigneuses champêtres, par Dambrun.

Très belle épreuve.

427 — Très petit médaillon orné : République française, district de Chalon-sur-Saône.

Très belle épreuve, toutes marges. — Plus une couronne formée de pampres et d'épis, avant toutes lettres.

RAOUX (J.)

428 — Angélique et Médor, par N. De Launay.

Très belle épreuve, grandes marges.

RAOUX (J.)

429 — La Jeune Coquette, par Chevillet. — Les Vestales, par Jonxis.

Deux pièces, très belles épreuves.

REGNAULT (N.-F.)

430 — Le Soir.

Très belle épreuve, marge.

431 — Dors, dors.

Très belle épreuve. — Plus deux copies de forme ovale.

RENAUD (J.-B.)

432 — L'Amour s'endormant sur le sein de Psyché, par Beljambe.

Deux épreuves, dont une avant la lettre, toutes marges.

ROETTIERS (F.)

433 — Partie de son œuvre.

Vingt-sept pièces, belles épreuves.

SAINT-AUBIN (GABRIEL DE)

434 — L'Académie particulière (P. de B. 23).

Belle épreuve. Très rare.

435 — Première expérience de la machine aérostatique nommée *Le Flesselle*; construite à Lyon sous la direction de Joseph Montgolfier. — Départ de la machine aérostatique le 19 janvier 1784, d'après Cogell.

Deux pièces sur la même planche, belle épreuve.

SAINT-AUBIN (Gabriel de)

436 — Allégorie des Mariages. — La France rend grâces
à Esculape de la guérison de Mgr le Dauphin. — Sujets
gravés d'après lui.

Sept pièces, belles épreuves.

437 — Comparaison du Bouton de rose, par Dennel.

Très belle épreuve, grandes marges.

SAINT-AUBIN (Aug. de)

438 — Rois et Empereurs (P. et B. 240).

Très belle épreuve du 1er état, grandes marges.

439 — Frontispice de : Mes Gens ou les Commissionnaires
ultramontains (389).

Épreuve du 1er état à l'eau-forte pure.

440 — Le même Frontispice. — Commissionnaire ap-
portant une lettre (390).

Deux pièces, très belles épreuves, du 2e état, avant toutes
lettres.

441 — Adresse de Quillau, libraire (439).

Très belle épreuve, marge.

442 — La Fontaine enchantée de la vérité d'amour, d'après
Cochin (446).

Deux épreuves dont une avant la lettre, toutes marges.

443 — Vignette frontispice pour la *Description d'une
Collection de Minéraux*, d'après Monnet, in-8 (608).

Deux épreuves dont une du 2e état, à l'eau-forte pure et l'autre
du 3e état avant la lettre, toutes marges.

SAINT-AUBIN (Aug. de)

444 — Vignette frontispice de l'*Histoire Universelle*, d'après Cochin, in-8 (667).

Deux pièces, dont une du 2e état à l'eau-forte pure.

445 — Vénus Anadyomène, d'après le Titien (687).

Trois épreuves, dont une du 1er état à l'eau-forte pure et une avant la bordure.

446 — Vignette entête de la page 1, vol. I, de la *Description des Pierres gravées* (692). — Vignette en tête de la page 1, vol. II (841).

Trois pièces avant la lettre, tirées hors texte, toutes marges, dont une avec différences.

447 — Jupiter et Léda, d'après P. Véronèse (suppl.).

Très belle épreuve du 1er état, à l'eau-forte pure, avant la bordure et avec un petit croquis dans la marge du bas.

448 — La même Estampe.

Deux épreuves dont une avant la lettre, très grandes marges.

449 — Deuxième recueil de chiffres, inventés par Saint-Aubin.

Cahier de six pièces, belles épreuves.

450 — Partie de son œuvre : Vignettes, médailles, pierres gravées, broderies, fleurs et sujets divers.

Cent huit pièces, dont plusieurs avant la lettre et à l'eau-forte pure.

SAINT-FAR (Eustache de)

451 — Transport d'une des grandes pierres qui forment le parapet du Nouveau pont de Neuilly.

Petite pièce en forme de frise. Très rare.

SAINT-NON

452 — La Petite Charrière en couches.

> Très belle épreuve. Rare.

453 — La même Estampe.

> Belle épreuve. — Plus sept autres pièces, la plupart en bistre.

454 — Partie de son œuvre.

> Quarante-cinq pièces, gravées à l'eau-forte et au lavis.

SAINT-QUENTIN

455 — Le Sommeil de Vénus. — Diane endormie, par Littret.

> Deux pièces, très belles épreuves, grandes marges ; la première est avant la lettre.

SANTERRE

456 — Suzanne au bain, par Desplaces et Vasselieff.

> Trois pièces, dont une en couleur.

SANTERRE et VANLOO

457 — Suzanne au bain. — Le Coucher, par Porporati.

> Deux pièces, très belles épreuves.

SAUGRAIN (El.)

458 — Vue du Château de Madrid et du Pavillon de Bagatelle, près de Paris. — Vue du Château de Vincennes. — Vue du Pont de Neuilly, d'après Moreau l'aîné.

> Trois pièces, très belles épreuves, toutes marges.

SCHÉNAU

459 — La Dame bienfaisante, par Demautort.

Très belle épreuve.

460 — Les Intrigues amoureuses, par Halbou. — Le Dédommagement de l'absence, par Vidal.

Deux pièces, très belles épreuves, toutes marges.

461 — Le Miroir cassé. — La bonne Amitié, par Chevillet.

Deux pièces, très belles épreuves, toutes marges.

462 — Le petit Glouton. — Les Défauts corrigés par l'affront, par J. Ouvrier.

Deux pièces, belles épreuves.

463 — Le Retour désiré, par Cl. Duflos.

Très belle épreuve avant toutes lettres, grandes marges.

464 — La Crédulité sans réflexion, par Halbou. — Le Maître de guitare. — La Mère qui intercède. — Le Retour désiré, par Cl. Duflos.

Quatre pièces, belles épreuves, toutes marges.

465 — Le Ménage en désordre, la petite Musicienne, Amusements russes, l'Aventure fréquente, Carêmeprenant, etc.

Sept pièces, dont une avant la lettre.

STRANGE (R.)

466 — Parmigiani Amica, d'après le Parmesan.

Très belle épreuve.

TARAVAL

467 — La Jeune ouvrière accablée de sommeil. — Bacchante se préparant à un sacrifice, par Schultze.

Deux pièces, très belles épreuves, grandes marges.

THÉOLON

468 — Invocation à l'Amour, par Guttenberg.

Très belle épreuve, grandes marges.

TISCHBEIN

469 — La Promesse du retour, par A. David.

Très belle épreuve, toutes marges.

TOUZÉ

470 — Tableau magique, par Voyez le jeune.

Belle épreuve.

VANASSE

471 — Le Jardinier. — La fruitière, par Beauvarlet.

Deux pièces, belles épreuves.

VANLOO (C.)

472 — L'Amour appuyé sur son arc, par Beauvarlet et Strange.

Deux pièces, belles épreuves.

473 — La Comédie. — La Tragédie, par Salv. Carmona.

Deux pièces, très belles épreuves à l'eau-forte pure, très grandes marges.

VANLOO (C.)

474 — Erminie et le Berger, par Porporati.
Très belle épreuve avant la lettre, toutes marges.

475 — La Sultane. — La Confidence, par Beauvarlet.
Deux pièces, belles épreuves.

476 — Le Triomphe de Silène, par Lempereur.
Belle épreuve avant toutes lettres.

VERNET (JOSEPH)

477 — Vue de la ville et du port de Bordeaux, prise du côté des Salinières. — Vue de Bordeaux, prise du château Trompette. — Le port de Cette, en Languedoc. — Le port de La Rochelle. — L'intérieur du port de Marseille. — Le port vieux de Toulon, par Cochin et Le Bas.
Six pièces, très belles épreuves, toutes marges.

VERNET (CARLE)

478 — Costumes modernes français et anglais, par Levachez. — Deux autres compositions en lithographie.
Trois pièces, belles épreuves.

VLEUGHELS

479 — Frère Luce, conte de La Fontaine, par de Larmessin.
Belle épreuve avant l'adresse de Buldet, grandes marges.

VLEUGHELS

480 — Le Bast. — La Jument du compère Pierre, par de Larmessin.
Deux pièces, belles épreuves.

WATTEAU (Ant.)

481 — Son portrait, d'après lui-même, par Crépy fils.
Deux épreuves, dont une avec les vers.

482 — Les Agréments de l'été, par Jacques de Favannes.
Très belle épreuve, grandes marges.

483 — L'Amour paisible, par de Favanne.
Très belle épreuve, toutes marges.

484 — Amusements champêtres, par B. Audran.
Très belle épreuve, marge.

485 — Antoine de La Roque, par Lépicié.
Très belle épreuve.

486 — Camp volant. — Retour de campagne, par N. Cochin.
Deux pièces, très belles épreuves.

487 — Comédiens français, par Liotard. — Comédiens italiens, par Baron.
Deux pièces, très belles épreuves, grandes marges.

488 — La Contredanse, par Brion.
Belle épreuve.

489 — La Danse paysanne, par B. Audran. — La Cascade, par Scotin.
Deux pièces, très belles épreuves, marge.

WATTEAU (Ant.)

490 — Départ des Comédiens italiens en 1697, par L. Jacob.

>Très belle épreuve, grandes marges.

491 — Dessus de clavecin gravé d'après le dessin original inventé par Watteau. — Autre, par Gillot.

>Deux pièces, très belles épreuves, marge.

402 — Les deux Cousines, par Baron.

>Très belle épreuve, marge.

493 — *Du bel âge où les jeux...*, par J. Moyreau.

>Très belle épreuve, marge.

494 — L'Embarquement pour Cythère.

>Très belle épreuve, marge.

495 — Entretiens amoureux, par Liotard.

>Très belle épreuve, marge.

496 — La Famille, par Aveline.

>Très belle épreuve, marge.

497 — *Les Habits sont italiens...*, par Watteau et Simonneau. — *Sous un habit de Mezétin*, par Thomassin.

>Deux pièces, très belles épreuves ; la première est du 1er état avec l'adresse de Sirois.

498 — Les mêmes Estampes.

>Deux pièces, imprimées sur la même feuille, toutes marges.

499 — Halte. — Défilé, par J. Moyreau.

>Deux pièces, très belles épreuves, grandes marges.

WATTEAU (Ant.)

500 — L'Ile de Cythère, par de Larmessin.
Très belle épreuve.

501 — L'Indifférent, par Scotin.
Très belle épreuve, grandes marges.

502 — L'Indiscret, par Aubert.
Très belle épreuve, très grandes marges.

503 — Les Jaloux, par Scotin. — Pierrot content, par
E. Jeaurat.
Deux pièces, très belles épreuves, marge.

504 — Le Lorgneur, par Scotin.
Superbe épreuve, toutes marges.

505 — La Lorgneuse, par Scotin.
Très belle épreuve, marge.

506 — Louis XIV mettant le cordon bleu à Monsieur de
Bourgogne, par de Larmessin.
Très belle épreuve, grandes marges.

507 — La Mariée de village, par C.-N. Cochin.
Très belle épreuve.

508 — La Musette, par Moyreau.
Très belle épreuve.

509 — L'Occupation selon l'âge, par Ch. Dupuis.
Très belle épreuve, grandes marges.

510 — La même Estampe.
Belle épreuve.

WATTEAU (Ant.)

511 — Les Plaisirs du bal, par Scotin.

Très belle épreuve, marge.

512 — *Pour nous prouver que cette belle…. — Arlequin, Pierrot et Scapin…*, par Surugue.

Deux pièces, très belles épreuves du 1er état, avant l'adresse de Chéreau.

513 — La Proposition embarrassante, par N. Tardieu.

Très belle épreuve, grandes marges.

514 — Récréation italienne, par Aveline.

Belle épreuve, marge.

515 — La Sérénade italienne, par Scotin.

Superbe épreuve, grandes marges.

516 — La Signature du contrat de la noce de village, par Ant. Cardon.

Très belle épreuve, grandes marges.

517 — La Surprise, par B. Audran.

Très belle épreuve, très grandes marges.

518 — *Voulez-vous triompher des Belles?* par Thomassin.

Très belle épreuve, marge.

519 — Arabesques : L'Enjôleur, par Aveline. — Le Vendangeur, par Moyreau.

Deux pièces, très belles épreuves, grandes marges.

520 — Arabesques : Bacchus. — Le Frileux. — L'Enjôleur. — Le Vendangeur, par Aveline et Moyreau.

Quatre pièces, belles épreuves.

WATTEAU (Ant.)

521 — Arabesques, tirées de différentes suites.

> Dix-sept pièces.

522 — Idole de la déesse Ki-Moo-Sao. — La déesse Thvo
Chvu. — Habillements des habitants de la province
Hou-Kouan, à la Chine. — Habillement de ceux du
Sou Tchovene, par Aubert.

> Quatre pièces, très belles épreuves, très grandes marges.

523 — Costumes chinois, par Boucher.

> Suite de douze pièces tirées à deux sur la feuille, très grandes
> marges.

524 — Costumes chinois, par Jeaurat.

> Suite de douze pièces, tirées à deux sur la feuille, très grandes
> marges.

525 — Les Fatigues de la guerre, les Délassements
de la guerre, par Scotin, Recrue allant rejoindre
le régiment, par Thomassin.

> Trois pièces, belles épreuves.

526 — Fêtes au dieu Pan, La Collation, Retour de Guin-
guette, L'Abreuvoir, La Ruine, La Chute d'eau.
Costumes chinois.

> Huit pièces.

527 — L'Amante inquiète, La Rêveuse, L'Amour paisible,
Le Conteur de fleurettes, Partie de chasse, La Joie
du théâtre, *Qu'ai-je fait, assassins, maudits . . .*, Le
Petit Sabotier, Le Docteur, Le Naufrage, La Sainte-
Famille, etc.

> Dix-sept pièces.

WATTEAU (Ant.)

528 — Petits Costumes, Études et Sujets divers gravés à l'eau-forte.

Cent quatre-vingt-trois pièces, belles épreuves.

WATELET (C.)

529 — Marguerite Lecomte, par Lempereur. — Portrait de Watelet, par le même, d'après Cochin.

Deux pièces, très belles épreuves, marge.

530 — Portraits gravés à l'eau-forte, d'après Cochin, in-4.

Douze pièces, très belles épreuves.

531 — OEuvre de Watelet, gravé à l'eau-forte par lui-même.

Cent trois pièces, très belles épreuves.

WILLE (J.-G.)

532 — La Cuisinière hollandaise, d'après Metzu. — Gazetière hollandaise, d'après Terburg.

Deux pièces, très belles épreuves.

533 — Instruction paternelle, d'après Terburg. — Le Concert de famille, d'après Schalken.

Deux pièces, belles épreuves.

534 — L'Observateur distrait, d'après Miéris. — Jeune Joueur d'instrument, d'après Schalken.

Deux pièces, belles épreuves.

535 — Bonne femme de Normandie, d'après Wille fils, avec une copie en contrepartie. — La Dévideuse, mère de Gérard Dow.

Trois pièces.

WILLE (J.-G.)

536 — Variétés de gravures, par J.-G. Wille.

> Un cahier contenant trente-cinq pièces.

537 — Les Soins maternels, Les délices maternelles, La Ménagerie hollandaise, Le Concert de famille, La Cuisinière hollandaise, La Gazetière hollandaise, Jeune Joueur d'instrument, Sapeur des Gardes suisses, etc.

> Vingt-six pièces, dont trois avant la lettre.

WILLE fils

538 — Amusements du jeune âge, par Chevillet.

> Très belle épreuve avant toutes lettres, retouchée par le peintre.

539 — L'Essai du corset. — Dédicace d'un poème épique, par Dennel.

> Deux pièces, très belles épreuves, toutes marges.

540 — Goûté champêtre, par Halm. — Scène de *Tom-Jones*, par Ingouf.

> Deux pièces, belles épreuves, marge.

541 — La Mère contente. — La Mère mécontente, par Ingouf.

> Deux pièces, la dernière est avec toute sa marge.

542 — La Nouvelle affligeante, par Cathelin.

> Belle épreuve avant la lettre.

543 — Le Petit Marchand d'oranges, par Chevillet.

> Très belle épreuve, marge.

ESTAMPES EN LOTS

544 — Portraits de femmes et sujets divers d'après Courtin, Largillière, Raoux, Santerre, Van Schuppen, etc.

Vingt-six pièces, belles épreuves.

545 — Sujets d'après Cochin, J.-B. Huet, Joullain, Lagrenée, Le Clerc, Le Prince, Vanloo, etc.

Cinquante-deux pièces à la sanguine.

546 — Têtes de femmes et sujets gracieux.

Trente pièces en couleur et en bistre.

547 — Sujets mythologiques.

Vingt-deux pièces.

548 — Estampes du xviii⁰ siècle, avant la lettre et à l'eau-forte pure.

Trente pièces.

549 — Estampes diverses du xviiiᵉ siècle.

Trente-deux pièces en couleur.

550 — Estampes du xviiiᵉ siècle.

Quatre-vingt-dix-huit pièces, réimpression.

551 — Estampes de l'École anglaise.

Trente-trois pièces en noir, en bistre et à la sanguine.

552 — Entêtes de pages et fleurons du xviiiᵉ siècle, tirés de différents ouvrages.

Cinquante-trois pièces tirées hors texte et à l'eau-forte pure.

553 — Vignettes du xviiiᵉ siècle.

Trente-cinq pièces avant la lettre et eaux-fortes pures.

ESTAMPES EN LOTS

554 — Vignettes du xviii° siècle.

Quatre-vingt-quatre pièces.

555 — Sujets gracieux dits Tabatières.

Cinquante-cinq pièces, très belles épreuves. grandes marges.

556 — Tabatières.

Cent trente-sept pièces.

557 — Études de figures et sujets gracieux anciens et modernes.

Deux portefeuilles contenant environ deux cents pièces en noir et coloriées.

558 — Gravures diverses de l'École française.

Environ quinze cents pièces. Douze lots.

559 — Environ vingt portefeuilles dont plusieurs sont couverts en parchemin.

A. Maulde et Cie, imprimeurs de la compagnie des Commissaires-Priseurs, rue de Rivoli, 144.   300—95968